Auroras Erdheilungsfibel

Auroras Erdheilungsfibel

Diana Dörr

EDITION OCTOPUS

Diana Dörr, »Auroras Erdheilungsfibel«
© 2013 der vorliegenden Ausgabe: Edition Octopus im Verlagshaus Monsenstein
und Vannerdat OHG Münster. www.edition-octopus.de
© 2013 Diana Dörr
Alle Rechte vorbehalten
Satz: Markus Behnisch
Umschlaggestaltung: Diana Dörr
Umschlagfoto: Diana Dörr
Druck und Einband: MV-Verlag

ISBN 978-3-95645-054-9

**Bisherige Bücher der kleinen
Drachenreiterin Aurora:**

Aurora in geheimer Mission
Auroras Erdheilungsfibel

Besuche Aurora auch im Internet:
www.AurorasWelt.de

Für Sian.

Wichtiger Hinweis

Das in diesem Buch beschriebene Agnihotra-Feuer und die aufgeführten Räuchertechniken sollten wegen des dabei entstehenden offenen Feuers und eines möglichen Funkenfluges nur im Beisein von einem Erwachsenen durchgeführt werden!

Inhaltsverzeichnis

Vorwort 11

Agnihotra-Feuer 13

Heilung des Wassers 21

Räucherungen 27

Mutter Erde etwas zurückgeben 29

Kraftplätze errichten 31

Steinmännchen bauen 33

Ein Medizinrad legen (nach Sun Bear) 35

Hilfe für die Bienen 43

Sonstige Tipps und Ideen zur Heilung von Mutter Erde 47

Heilmeditationen für Mutter Erde 51

Reiki-Box 65

Gebete für Mutter Erde 67

Weltheilungstage 73

Nachwort 75

Danksagung 77

Literaturverzeichnis 79

Zur Autorin 83

Vorwort

»Wenn einer allein träumt, ist es nur ein Traum.
Wenn Menschen gemeinsam träumen,
ist es der Beginn einer neuen Wirklichkeit.«
Hélder Câmara

Viele große und kleine Menschen, die ich in den letzten Jahren kennenlernen durfte und die von unserer Naturwesenkonferenz für Mutter Erde im Steinbruch Michelnau erfahren haben, fragten mich, was kann ich für Mutter Erde tun?! Eine gute und wichtige Frage ... meint Aurora. Denn jeder Mensch kann auf seine Art etwas für Mutter Erde tun. Jederzeit. Es ist oft einfacher, als man denkt.
Man muss hierfür nur seine Augen und sein Herz für Mutter Erde öffnen.
Es ist wichtig, nicht nur die wundervollen Geschenke zu erkennen, die uns Mutter Erde zur Verfügung stellt, die wundervollen Blumen, die Bäume oder die Meere mit anderen, dankbaren Augen zu sehen, sondern es ist auch nötig, wahrzunehmen, wie die Menschen diese Erde verändert haben. Wie sie den wundervollen blauen Planeten ausgebeutet und verletzt haben. Nicht nur die Menschen, Tiere und Naturwesen leiden darunter, nein, auch Mutter Erde selbst spürt den Schmerz. Es wird Zeit, Mutter Erde wieder als lebendiges Wesen wahrzunehmen und sie so zu behandeln, wie man selbst behandelt werden möchte. Die Erde so zu verlassen, wie man sie auch gerne wieder betreten würde. Gemeinsam ist dies möglich. Nicht nur die Naturwesen, Sonnenengel und Drachen sollten sich dafür an die Hand nehmen, nein, wir brauchen auch die Unterstützung der Menschen. Ihre Liebe für Mutter Erde kann Wunder vollbringen, mehr als ihr denkt.

Alles, was ihr hierfür braucht, ist ein offenes, mit Liebe gefülltes Herz und etwas Zeit. Doch wie viele Menschen nehmen sich heute noch wirklich Zeit für Mutter Erde?
Lasst uns Mutter Erde etwas zurückgeben, mit Liebe, so wie es am 22. April in der ganzen menschlichen Welt getan wird, am sogenannten »Earth Day« (Tag der Erde).
So habe ich, Aurora, mich an »Tag eins« nach dem Earth Day 2013 dazu entschlossen, dieses Büchlein zu schreiben, um Anregungen zu geben, wie man selbst etwas für Mutter Erde tun kann.
Lassen wir jeden Tag zu einem »Earth Day« werden.

Agnihotra-Feuer

»**Heile die Atmosphäre und die Atmosphäre heilt dich.**«

Viele Menschen rund um den Erdball führen regelmäßig die Jahrtausende alten Agnihotra-Feuerrituale für Mutter Erde durch. Aurora liebt die hohe Energie, die bei diesen vedischen Feuertechniken erzeugt wird und durch die eine tiefgreifende Reinigung der Erde, des Wassers und der Luft möglich ist. Auch wenn man diese Feuerrituale immer bewusst für die Heilung von Mutter Erde durchführen sollte, kann hierdurch auch durchaus die Gesundheit von Menschen, Tieren und Pflanzen gefördert werden. Dies kann uns daran erinnern, wie alles miteinander zusammenhängt und beeinflusst wird.

Es ist außerdem möglich, durch diese Feuerrituale das Wetter zu harmonisieren und das ökologische Gleichgewicht wieder herzustellen. Sie sind ein wichtiger Beitrag gegen die Umweltverschmutzung.

Während dieser Feuerrituale werden bestimmte vedische Mantras gesungen, die in Resonanz mit Sonnenauf- und Sonnenuntergang stehen. Auch die Substanzen, die bei den Feuern abgebrannt werden, haben eine tiefe Bedeutung.

Agnihotra-Feuer, die zu Sonnenaufgang und Sonnenuntergang durchgeführt werden, verstärken die heilsame Wirkung für Mutter Erde. Es gibt weitere Homa- bzw. Yagna-Feuer, die zu jeder Uhrzeit durchgeführt werden können.

Für die Durchführung eines Agnihotra-Feuers benötigt man folgende Dinge:
- eine feuerfeste Kupferschale, den pyramidenförmigen Agnihotra-Topf

- Ghee (ausgelassene, geklärte Butter)
- Vollkornreis (ganze Körner)
- eine Zeitentabelle für den Sonnenaufgang und Sonnenuntergang am Ort, an dem man Agnihotra durchführen möchte
- eine exakt gehende Uhr
- Streichhölzer
- hitzebeständige Unterlage
- einen Holzspachtel
- genaue Kenntnis der Mantas für Sonnenauf- und Sonnenuntergang (s. Literaturverzeichnis)
- einen Kompass, wenn nötig
- getrocknete Kuhdungfladen von »glücklichen Weidekühen«. Die Kühe sollten möglichst weiblich sein, Fladen von Büffeln sind nicht geeignet. Auch wenn der Kuhdung von Kühen ohne Hörner für das Agnihotra-Feuer durchaus geeignet ist, sollte man nach Möglichkeit den Kuhdung von Kühen, mit Hörnern verwenden. Außerdem sollten die Kühe keine Silo-Kost (Silage) erhalten haben.

Für das OM Tryambakam Homa-Feuer benötigt man zusätzlich:
- einen weiteren pyramidenförmigen Agnihotra-Topf
- einen hitzebeständigen Kupferlöffel
- ein hitzebeständiges Kupfergefäß für die geschmolzene Ghee-Butter

Eine Bezugsadresse für die für das Agnihotra- und OM Tryambakam Homa- Feuer nötigen Dinge findest du am Ende dieses Kapitels.

Ablauf des Agnihotra-Feuers

Der Agnihotra-Topf wird an einem windgeschützten Platz auf eine hitzebeständige Unterlage gestellt. Hierbei sollte eine Seitenkante nach Osten zeigen. Es ist empfehlenswert, dass die entsprechende Topfseite immer in die gleiche Richtung zeigt, der Topf also nicht gedreht wird. Hierfür kann man auf der Außenseite des Topfes eine kleine Markierung anbringen, die den Topf nicht beschädigt, um ihn immer wieder in die richtige Himmelsrichtung auszurichten.

Falls man das Feuer im Sitzen ausführt, empfiehlt es sich, dass der Topf etwas über der Sitzfläche steht.

Man stellt oder setzt sich während des Agnihotra Feuers so, dass man selbst nach Osten oder, falls dies nicht möglich ist, nach Norden schaut.

Bestreiche einige Kuhdungstücke mit Ghee-Butter und brich sie in kleine Stücke.
Dann vermische etwas Vollkornreis in einer Schale mit weicher oder flüssiger Ghee-Butter.
Zünde nun ein kleines, mit Ghee-Butter bestrichenes Kuhdungstück mit einem Streichholz an und lege es etwas schräg in den Agnihotra-Topf. Schichte dann ein paar weitere kleine, mit Ghee-Butter bestrichene Kuhdungstücke so darüber, dass die Luft im Topf zirkulieren kann und das Feuer gut brennt.
Es kann ein paar Minuten dauern, bis das Feuer richtig brennt, sodass man rechtzeitig mit den Vorbereitungen beginnen sollte.
Zum Zeitpunkt von Sonnenaufgang oder Sonnenuntergang wird das entsprechende Mantra gesungen und nach dem Wort »swaha« jeweils eine Fingerspitze mit Ghee vermischten Reis' in das Feuer gegeben.

Das Mantra wird einmal gesungen und somit werden insgesamt zwei Gaben Reis in die Flammen gegeben.

Man bleibt dann bei dem Feuer stehen oder sitzen, bis es verloschen ist, und sollte sich dabei still verhalten.

Es ist empfehlenswert, den mit der Asche gefüllten pyramideförmigen Agnihotra-Topf bis zum nächsten Agnihotra- bzw. OM Tryambakam Homa-Feuer stehen zu lassen, um durch die Ausstrahlung des Topfes die Wirkung zu verstärken.
Der Agnihotra-Topf kann zum Schutz, nicht nur gegen Funkenflug, mit einer feuerfesten Kachel oder einem Kupferblech abgedeckt werden.
Vor dem nächsten Agnihotra-Feuer kann man dann die Asche mit einem Holzspachtel sanft entfernen und in Glas- oder Tongefäße abfüllen. Die Asche kann man dann später zu Pflanzen oder Gewässern bringen, die Heilung benötigen.

Falls man das Feuer im Sitzen ausführt, empfiehlt es sich, dass der Topf etwas über der Sitzfläche steht.

Man stellt oder setzt sich während des Agnihotra Feuers so, dass man selbst nach Osten, oder falls dies nicht möglich ist, nach Norden schaut.

Bestreiche einige Kuhdungstücke mit Ghee-Butter und breche sie in kleine Stücke.

Dann vermische etwas Vollkornreis in einer Schale mit weicher oder flüssiger Ghee-Butter.

Zünde nun ein kleines, mit Ghee-Butter bestrichenes Kuhdungstück mit einem Streichholz an und lege es etwas schräg in den Agnihotra-Topf. Schichte dann ein paar weitere kleine, mit Ghee-Butter bestrichene Kuhdungstücke so darüber, dass die Luft im Topf zirkulieren kann und das Feuer gut brennt.

Es kann ein paar Minuten dauern, bis das Feuer richtig brennt, so dass man rechtzeitig mit den Vorbereitungen beginnen sollte.

Zum Zeitpunkt der Sonnenaufgangs- oder Sonnenuntergangszeit wird das entsprechende Mantra gesungen und nach dem Wort »swaha« jeweils eine Fingerspitze mit Ghee vermischten Reis in das Feuer gegeben.

Das Mantra wird einmal gesungen und somit werden insgesamt zwei Gaben Reis in die Flammen gegeben.

Man bleibt dann bei dem Feuer stehen oder sitzen, bis es verloschen ist und sollte sich dabei still verhalten.

Es ist empfehlenswert, den mit der Asche gefüllten Agnihotra-Topf bis zum nächsten Agnihotra stehen zu lassen, um durch die Ausstrahlung des Topfes, die Wirkung zu verstärken.

Der Agnihotra-Topf kann zum Schutz, nicht nur gegen Funkenflug, mit einer feuerfesten Kachel oder einem Kupferblech abgedeckt werden.

Vor dem nächsten Agnihotra Feuer kann man dann die Asche mit einem Holzspachtel sanft entfernen und in Glas- oder Tongefäße abfüllen. Die Asche kann man dann später zu Pflanzen oder Gewässern bringen, die Heilung benötigen.

Es ist wichtig, die folgenden Mantras richtig zu singen. Hierfür ist die im Literaturverzeichnis angegebene CD des Homa-Hofes hilfreich!

Die Mantras werden genauso ausgesprochen, wie sie hier stehen:

Das Mantra zu Sonnenaufgang:
Surjajeh swaha, surjajeh idamm na mama,
pradscha-patajeh swaha, pradscha-patajeh idamm na mama.

Das Mantra zu Sonnenuntergang:
Agnajeh swaha, agnajeh idamm na mama,
pradscha-patajeh swaha, pradscha-patajeh idamm na mama.

OM Tryambakam Homa-Feuer

Man kann auch ein sogenanntes OM Tryambakam Homa-Feuer unabhängig von den Sonnenaufgangs- und Sonnenuntergangszeiten machen. Dieses sollte jedoch unbedingt in einem extra Topf durchgeführt werden.

Beim OM Tryambakam Homa-Feuer wird nicht nur ein anderes Mantra gesungen, sondern es wird statt des mit Reis vermischten Ghees nur geschmolzene Ghee-Butter in kleinen Dosen jeweils nach dem Wort »swaha« mit einem kleinen Kupferlöffel in den Feuertopf gegeben.
Dieses Feuerritual kann man über eine längere Zeit durchführen, um Mutter Erde zu unterstützen. Beim OM Tryambakam Homa werden Kuhdungstücke ohne Ghee-Butter nachgelegt, da man durch die wiederholte Gheezugabe genügend Butterfett erhält. Ein nicht zu dünnes Kuhdungstück von ca. 5 cm Länge reicht für etwa 1 Stunde.

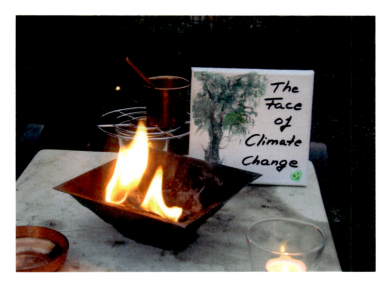

Auch bei diesem Feuer solange bleiben, bis es erloschen ist.

Bei all diesen Feuerzeremonien sollte man sich mit positiven Gedanken beschäftigen und sich nicht durch Gespräche ablenken, sondern still sein und sich auf den richtigen Gesang der Mantras konzentrieren.

Mantra für das OM Tryambakam Homa:
OM triammbakamm jadschamaheh,
suganndhimm putschi wardhanamm,
urwarukamiva banndhanan,
mritjor mukschija mamritat swaha.

Bezugsadresse:
Die für das Feuer erforderlichen Utensilien (Kuhdung, Agnihotra-Pyramide, Ghee-Butter, exakte Zeitentabelle und eine CD mit den korrekt gesungenen Mantras) sind hier erhältlich:

Homa-Hof Heiligenberg
Oberhaslach 6, 88633 Heiligenberg
Tel. +49 (0)7554/283
www.homa-hof-heiligenberg.de

Der Homa-Hof Heiligenberg bietet kostenlose Informationsveranstaltungen an. Selbst wer Agnihotra bereits praktiziert, kann hier meist noch viele Fragen klären.

Die Asche des Agnihotra- und OM Tryambakam Homa-Feuers kann man in der Natur verteilen, um diese zu reinigen und zu heilen.
Flüsse und Bäume freuen sich nach Auroras Erfahrung ganz besonders darüber.

Aurora kann es nicht oft genug wiederholen:

Wegen des offenen Feuers und eines möglichen Funkenfluges sollten diese Feuertechniken natürlich nur im Beisein von Erwachsenen durchgeführt werden!

Nun lasst uns vom Feuerreich weiter in das Reich des Wassers gehen, denn auch hier gibt es viel zu tun!

Heilung des Wassers

»Es ist unmöglich, zweimal in denselben Fluss zu springen. Auch wenn wir in dieselben Flüsse steigen, immer fließt anderes Wasser herbei.«
Heraklit

Das Wasser von Mutter Erde ist sehr viel belebter, als die Menschen denken. Es leben in den Flüssen, Meeren und Seen nicht nur die bekannten Wasserwesen, die die Menschen Fische, Wale oder Seehunde nennen, sondern es wohnen dort auch unzählige Wesen, von denen viele Menschen nicht das Geringste ahnen. Da gibt es nicht nur Wassermänner, Nixen und Nymphen, sondern auch riesige Wasserdrachen, die das Wasser bevölkern. Selbst in den kleinsten Tümpeln gibt es Wassergeister, die man wahrnehmen kann, wenn man sein Herz für unsere Naturwesenwelt öffnet. Diese Wasserwesen versuchen unablässig, das Wasserelement im Gleichgewicht zu halten, es zu reinigen und zu beleben, doch fällt ihnen diese Aufgabe zunehmend schwerer. Sie fürchten, dass sie es nicht mehr schaffen. Viele Wasserwesen sind darüber verzweifelt und manch ein wütender Wasserdrache zieht wehklagend durch die Meere.
Sicher ahnt ihr, warum … Die Wasserverschmutzung nimmt immer mehr zu. Radioaktives Wasser breitet sich aus, das nicht nur in Fukushima ins Meer gelangt ist, sondern auch durch radioaktive Abfälle verursacht wird. Dies alles lässt meine Freunde verzweifeln.

Auch ich habe auf meinen Reisen vieles gesehen, was der Heilung bedarf. So habe ich bei einem Ausflug zu meiner Familie in den Vulkanen auf den Kanaren tief im Meer radioaktive Abfälle gefunden, die dort versenkt wurden. Ein alter Wassermann erzählte mir verzweifelt davon und fragte mich, wieso die Menschen selbst an aktiven Vulkanen ihre verstrahlten Abfälle versenken müssten. Als würde all das nicht mehr existieren und gefährlich sein, was sie aus ihrem Sichtfeld entfernen!

Doch wie sollte ich diese Frage beantworten? Da ich, Aurora, die Menschen doch so oft selbst nicht verstehe. Aber ich versprach diesem traurigen Wasserwesen, zu helfen, indem ich das für die Menschen Unsichtbare wieder sichtbar machen würde. Möge es all den sichtbaren und meist unsichtbaren Bewohnern der Meere, Flüsse und Seen helfen. Möge das Wasserelement heilen und wieder voller Liebe und Lebenskraft strahlen, wie man es nur an den noch unberührten Orten dieser Erde kennt. Doch gibt es die Orte noch? In diesem Moment, in dem Aurora diese Zeilen schreibt?

Ich weiß es nicht. Ich habe mir vorgenommen, wieder eine Reise um die Erde zu machen. Die Orte und Wesen möchte ich besuchen, die mir auf meinen früheren Reisen begegnet sind oder die zu meiner Naturwesenkonferenz gereist waren.

Ich bete darum, dass sie etwas anderes erzählen werden, dass sie glückliche Geschichten zu berichten haben und ihre Herzen leicht geworden sind.

Ich weiß, es ist noch ein langer Weg dorthin. Doch lasst uns gemeinsam diesen Weg gehen. Auch Mutter Erde bittet darum. Sie hilft uns auf diesem Weg mehr, als sich die Menschen vorstellen können. Nur wenn wir ruhig werden, können wir lernen, ihre weisen Stimmen zu hören sowie die Botschaften ihrer zarten Helfer aus der Naturwesenwelt.

Doch solange die Menschen diese Reiche nicht verstehen, versuche ich, sie mit meinen Worten zu erreichen und ihre Herzen zu berühren und ihnen die Pforten in für sie bisher unsichtbare Reiche zu öffnen.

Auch die Wassergeister bitten darum, sich ihren Sorgen und Nöten zu öffnen.

Das Meer muss nicht nur von den sichtbaren Abfällen, wie all dem für Lebewesen gefährlichen Plastikmüll, gereinigt werden, sondern auch von den unsichtbaren Schadstoffen und Schwingungen.

Wir Naturwesen unterstützen die Menschen dabei, doch es ist so viel zu tun, dass wir uns oft klein und machtlos vorkommen. Selbst der größte Wassermann, den ich auf meiner Reise im Mittelmeer kennengelernt habe, bittet um Hilfe.

Hier folgt nun eine nicht nur im Menschenreich beliebte Möglichkeit, dem Hilferuf des Wassermannes zu folgen und dem Wasser von Mutter Erde zu helfen:

Die Wasser der Erde mit Licht, Liebe und Dankbarkeit füllen

»Das Bewusstsein jedes Einzelnen verändert die Welt..«
Masaru Emoto

Du kannst jederzeit selbst mit dem Wasser sprechen und ihm Dankbarkeit, Liebe und Licht senden. Besonders gut funktioniert dies, wenn du dich an einer natürlichen Wasserstelle in der Natur befindest, wie einem See, Fluss, Bach oder Meer. Auch die Quellengeister freuen sich, wenn du mit dem Wasser ihrer Quellen sprichst oder ihnen etwas vorsingst! Du kannst aber auch ein Glas Wasser oder eine mit Wasser gefüllte Schale nehmen und in diese deine liebevollen Gedanken senden. Sage dem Wasser »ich liebe dich« und »ich danke dir«. Stelle dir hierbei vor, wie dieses Wasser mit allen Wassern der Erde verbunden ist.

Sende deine guten Gedanken mit heilendem weiß-goldenen Licht zu allen Gewässern der Erde. Stelle dir vor, wie sich die Meere, Seen, Flüsse und Bäche damit füllen und zu strahlen beginnen. Alle Gewässer von Mutter Erde werden harmonisiert und geheilt.

Du kannst dieses mit Liebe gefüllte Licht auch an einzelne ausgewählte Gewässer senden, die Heilung benötigen und es hierfür mit Heilmusik aufladen.

Sende diese Heilenergie in das Meer vor Fukushima oder in den Golf von Mexiko und lasse es von dort in den gesamten Pazifik und Atlantik ziehen. Stelle dir vor, wie das Wasser überall gereinigt wird. Du kannst auch die Wassergeister darum bitten, dir bei dieser Wasserheilung zur Seite zu stehen. Dankbar werden sie das mit Liebe aufgeladene Licht in ihren Reichen verteilen.

Und nun geht es weiter ins Reich der Luftgeister.

Räucherungen

»Nicht der Wind, sondern das Segel bestimmt die Richtung.«
aus China

Räucherungen werden von alters her zur energetischen Reinigung von Räumen oder der Aura des Menschen durchgeführt. Hierfür eignen sich auch getrocknete Kräuter, wie ganz besonders weißer Salbei.

Auch diese Räucherungen sollten nur im Beisein eines Erwachsenen durchgeführt werden!

Fülle für die Räucherung eine feuerfeste, tragbare Räucherschale oder einen Räucherkelch mit Vogel- oder Räuchersand.
Lege dann ein paar Blätter getrockneten weißen Salbei in die mit Sand gefüllte Räucherschale. Zünde dann mit einem Streichholz ein paar Blätter des getrockneten Salbeis an und blase die dabei entstehenden Flammen sofort wieder aus.

Achte darauf, dass sich keine Glutfunken im Raum oder in der Natur verteilen, da sie unbemerkt zu einem Brand führen könnten.

Man fächert den Rauch des glühenden Salbeis mit einer großen Vogelfeder in die gesamte Aura. Jede Körperseite und auch die Arme, Hände und Füße sollten eingeschlossen sein. Hierbei beginnt man bei den Füßen und räuchert den Körper nach oben entlang ab.
Zum Rauchverteilen eignen sich besonders Adler- oder Truthahnfedern.

Nun verlassen wir das Luftelement und widmen uns der Erde.

Mutter Erde etwas zurückgeben

»Bei allen Freiheiten, die wir haben, müssen wir bedenken, welche Auswirkungen unsere Entscheidungen für die folgenden sieben Generationen haben.«
Aus dem »Großen Gesetz«, der Verfassung der Irokesen

Erinnert ihr euch an den Kummer der Zwerge und Drachen, den sie mit uns während der Naturwesenkonferenz im Steinbruch Michelnau geteilt haben?
Sie klagten darüber, dass die Menschen ihnen immer mehr Schätze rauben, ohne sich dafür zu bedanken.
Meint ihr nicht, dass es Zeit ist, nicht nur Mutter Erde etwas zurückzugeben, sondern auch diesen Zwergen und Drachen?
Vielleicht hast auch du ein paar Edelsteine oder Kristalle, die du nicht mehr benötigst, von denen du dich trennen magst? Dann kannst du sie in fließende Gewässer (Bäche, Flüsse, Seen oder in das Meer) bringen und Mutter Erde dort zurückgeben.

Wichtig ist, dass das Wasser so tief ist, dass die Steine dort nicht die Neugier von Spaziergängern erregen und von diesen gedankenverloren vielleicht wieder herausgeholt werden.

Lade die Steine oder Kristalle zuvor mit deiner Liebe auf, indem du sie mit deinen Händen umschließt und die Liebe aus deinem Herzen durch deine Hände in die Steine fließen lässt. Dann danke ihnen, dass sie so lange bei dir waren und übergib, sie dem Wasserreich.

Vielleicht spürst du dabei ja auch die Freude der Naturwesenwelt über diesen Schatz, der so unverhofft zu ihnen zurückkehrt.

Kraftplätze errichten

»Dein Traum segnet die Erde, deine Tat verändert sie.«
Spruch der Ojibwa-Indianer

Es gibt verschiedene Möglichkeiten, sich einen ganz persönlichen Kraftplatz zu bauen, der nicht nur dich selbst, sondern auch Mutter Erde mit Kraft und Energie versorgen wird.
Vergrabe um den Platz, den du mit Energie versorgen möchtest, in jeder der vier Himmelsrichtungen einen großen Kristall. Hierfür eignen sich nach Auroras Erfahrung besonders gut Rosenquarze und Bergkristalle, die du zuvor mit deiner Liebe versehen, aufladen kannst.

Stelle dir dann einen weißen Lichtkreis vor, der die Steine miteinander verbindet. Sei dir dabei bewusst, dass sich nicht nur die

Kristalle mit dem Licht aufladen, sondern auch das Licht mit den Energien der Heilsteine gefüllt wird.

Stelle dir vor, wie dieser Lichtkreis immer stärker wird und sich das Licht von dem Kreis aus über den ganzen Platz, den er umgibt, verteilt.

Bitte darum, dass der gesamte Platz mit weißem, heilendem Licht umgeben wird und zu einem heilsamen Kraftplatz wird. Möge sich das Licht dort verankern und auch in die Umgebung strahlen.

Du kannst auch selbst Licht in den Kraftplatz geben, z. B. Reiki dorthin senden und darum bitten, dass sich auch diese Energie dort in der Erde verankert.

Visualisiere nun noch einmal den von Licht umgebenen und erfüllten Platz und bedanke dich bei dem Licht.

Mutter Erde wird dir für diesen Kraftort danken und dich dort jederzeit auch mit ihrer Energie und Kraft versorgen.

Steinmännchen bauen

»Ihr müsst der Erde Nahrung geben.«
Sun Bear

Es gibt noch eine andere wundervolle Möglichkeit, Mutter Erde mit Liebe zu versorgen und dabei gleichzeitig die Erdgeister zu erfreuen.

Sammle hierfür einige flache und runde Steine in der Natur. Danke Mutter Erde für diese Steine und bedanke dich bei den Naturwesen und Mutter Erde mit etwas Maismehl.
Lade dann die Steine mit Liebe auf, die du von deinem Herzen durch die Hände in die Steine fließen lassen kannst. Staple dann die Steine übereinander, sodass ein Steinmännchen entsteht. Auch dieses kannst du mit Liebe aufladen.
Stelle dir nun vor, wie die in den Steinmännchen gespeicherte Liebe an die Erde und an alle Wesen, die an diesem Steingebilde vorbeikommen, weitergegeben wird.
Bitte darum, dass sich die Herzen der Menschen mit dieser Liebe aufladen und heilen mögen. Denn wenn die Herzen der Menschen geheilt sind, dann ist auch das Herz von Mutter Erde geheilt.

Ich bin mir sicher, nicht nur die Menschenkinder werden ihre Freude daran haben, sondern auch die kleinen Wichtel, Zwerge und Trolle.

Nachdem wir uns mit den verschiedenen Elementen beschäftigt haben, möchte ich dir nun eine wundervolle Möglichkeit vorstellen, wie du dich mit den einzelnen Elementen und Mutter Erde verbinden kannst.

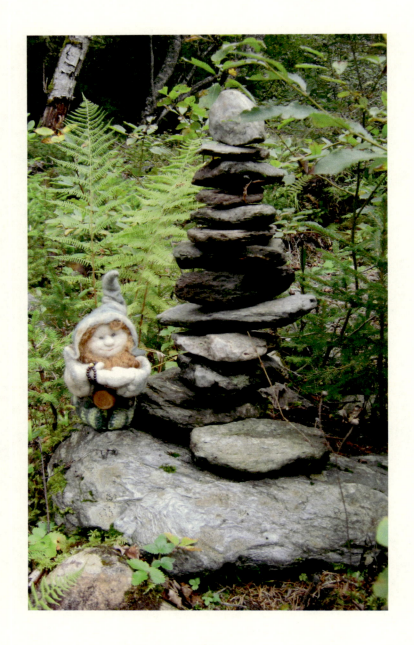

Ein Medizinrad legen (nach Sun Bear)

»Lasst die Medizin des heiligen Kreises sich behaupten.
Lasst Menschen aus allen Winkeln der Erde sich
im Kreis zusammenfinden und für die Heilung von
Mutter Erde beten.«

Sun Bear & Wabun

Das folgende Medizinrad wurde von Sun Bear, einem Medizinmann der Anishinabe-Indianer, in einer Vision empfangen.

Für das Medizinrad benötigst du 36 Steine, die du sorgsam aussuchen solltest. Man kann Edelsteine verwenden, man kann die Steine aber auch in der Natur sammeln. Hierbei solltest du unbedingt die Steinwesen um Erlaubnis fragen und Mutter Erde etwas Maismehl zum Dank zurücklassen.

Außerdem brauchst du einen Kompass, um das Medizinrad beim Bauen nach Norden auszurichten.

Suche dir dann für den Bau deines Medizinrades einen ruhigen Platz, der Kraft ausstrahlt und sich für dich gut anfühlt oder den du heilen möchtest.

Ablauf der Medizinradlegung:

Bevor du mit dem Legen des Medizinrades beginnst, reinige dich, die möglichen weiteren Teilnehmer, die Steine, die Umgebung und alles, was in der Zeremonie verwendet wird, mit Salbei-Rauch.

Beachte auch hier: Diese Räucherungen sollten nur im Beisein eines Erwachsenen durchgeführt werden!

Bereite die Räucherung wie oben beschrieben vor. Du kannst für diese Räucherung noch zusätzlich Mariengras und getrocknete Zedernspitzen in die Räucherschale geben. Die Zedernspitzen bilden das weibliche Gegenstück zum Weißen Salbei, ihr Rauch verbindet die vier Elemente Erde, Wasser, Luft und Feuer. Du wirst durch diesen Rauch gereinigt und geschützt.

Man fächert den Rauch mit einer Feder zunächst zu seinem Herzen und von dort aus weiter nach oben, über den Kopf hinaus.
Dann fächert man ihn in alle sechs Himmelsrichtungen (nach oben zum Schöpfer, nach unten zur Erde, nach Norden, nach Osten, nach Süden und nach Westen).
Nun sagt man leise oder innerlich, dass der Bau des Medizinrades beginnt. Hierauf spricht man laut oder im Stillen ein kurzes

Gebet oder eine Bitte für Mutter Erde. Du kannst auch den Hüter des Ortes um Hilfe bitten.

Das Medizinrad wird nach Norden ausgerichtet und im Uhrzeigersinn gelegt.

Alle Steine werden den sechs Himmelsrichtungen angeboten, d. h. sie werden kurz in die entsprechenden Richtungen gehalten (Richtung Himmel, Erde, Norden, Osten, Süden und Westen).

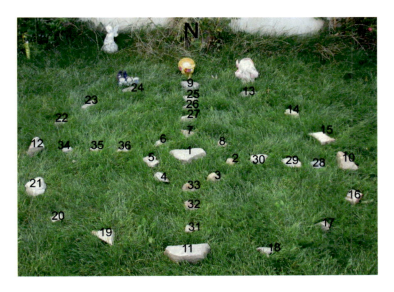

Nachdem man die Steine auf die richtige Position gelegt hat (hier hilft ein Kompass), gibt man eine Opfergabe (Maismehl) auf den Stein und spricht ein kurzes Gebet, in dem man die Position würdigt. Dies kann wieder laut oder im Stillen erfolgen.

Um den Stein abzulegen, startet man bei den Steinen 1 bis 12 auf der Position, auf der man steht, und umrundet das Medizinrad im Uhrzeigersinn, bis man wieder an seinem Platz angelangt.

Dabei den Stein wie oben beschrieben auf die entsprechende Stelle legen.

Ein besonderer Stein wird zunächst in das Zentrum des Platzes gelegt, an dem das Medizinrad entstehen soll. Der Stein im Zentrum steht für den **Schöpfer** (Stein Nr. 1).

Die nächsten drei Steine stehen für **Mutter Erde, Vater Sonne und Großmutter Mond** (Steine 2 bis 4).

Die folgenden vier Steine stehen stellvertretend für die Elemente **Erde, Wasser, Feuer und Luft** (Steine 5 bis 8).

Dann werden die vier äußeren Ecksteine gelegt, die die Hüter des Geistes symbolisieren:
Waboose im Norden, Wabun im Osten, Shawnodese im Süden und Mudjekeewis im Westen.

Für diese Steine der Hüter des Geistes (Steine 9 bis 12) umrundet man das Medizinrad auf der Außenseite.

Dann legt man dazwischen die zwölf Steine des äußeren Zirkels, die für die Monde (die indianischen Sternzeichen) stehen:

Für die drei Steine für die nördlichen Monde (Steine 13 bis 15) tritt man von Norden ins Medizinrad.
Für die drei Steine der **östlichen Monde** (Steine 16 bis 18) tritt man von Osten ins Medizinrad.
Für die drei Steine der südlichen Monde (Steine 19 bis 21) tritt man vom Süden aus ins Medizinrad.
Für die drei Steine der **westlichen Monde** (Steine 22 bis 24) tritt man vom Westen aus ins Medizinrad.

Dann folgen die vier Pfade des Geistes, mit je drei Steinen. Sie stehen für Reinigung, Erneuerung, Reinheit, Klarheit, Weisheit, Erleuchtung, Wachstum, Vertrauen, Liebe, Erfahrung, Einsicht, Stärke.

Für die **Steine des Pfades der Seele** (Steine 25 bis 36) betritt man das Medizinrad durch die Richtung, die den Steinen entspricht:

Steine 25 bis 27: Norden
Steine 28 bis 30: Osten
Steine 31 bis 33: Süden
Steine 34 bis 36: Westen

Die 36 Steine:
1. Schöpfer – alle Elemente
2. Mutter Erde – Erde
3. Vater Sonne – Feuer und Luft
4. Großmutter Mond – Wasser
5. Schildkröte – Element Erde

6. Frosch – Element Wasser
7. Donnervogel – Element Feuer
8. Schmetterling – Element Luft
9. Waboose – Hüter des Nordens
10. Wabun – Hüter des Ostens
11. Shawnodese – Hüter des Südens
12. Mudjekeewis – Hüter des Westens
13. Schneegans – Erderneuerung – Norden
14. Otter – Rast und Reinigung – Norden
15. Puma – Große Winde – Norden
16. Roter Habicht – Knospende Bäume – Osten
17. Biber – Wiederkehrende Frösche – Osten
18. Hirsch – Maisaussaat – Osten
19. Specht – Kraftvolle Sonne – Süden
20. Stör – Reifende Beeren – Süden
21. Braunbär – Ernte – Süden
22. Rabe – Fliegende Enten – Westen
23. Schlange – Erste Fröste – Westen
24. Elch – Langer Schnee – Westen
25. Reinigung – Äußerer Norden
26. Erneuerung – Mittlerer Norden
27. Reinheit – Innerer Norden
28. Klarheit – Äußerer Osten
29. Weisheit – Mittlerer Osten
30. Erleuchtung – Innerer Osten
31. Wachstum – Äußerer Süden
32. Vertrauen – Mittlerer Süden
33. Liebe – Innerer Süden
34. Erfahrung – Äußerer Westen
35. Einsicht – Mittlerer Westen
36. Stärke – Innerer Westen

Dem Medizinrad lauschen:

Durchwandere nun langsam das Medizinrad von Osten bis Norden und lausche dabei den Himmelsrichtungen. Du kannst dich in die Steine hineinfühlen, ihre Botschaften empfangen. Was nimmst du bei deinem Weg durch das Medizinrad wahr? Was möchte dir Mutter Erde erzählen? Welches Element benötigt Heilung und Unterstützung? Was für eine Botschaft haben die Naturgeister und der Hüter des Platzes für dich?

Du kannst an diesem Ort jederzeit Kraft schöpfen, deine Energien wieder aufladen oder Heilung in die Welt senden.

Nun möchte ich noch einige weitere Dinge mit euch teilen, die mir am Herzen liegen.

Hilfe für die Bienen

»Wenn die Bienen aussterben, sterben vier Jahre später auch die Menschen aus.«

Albert Einstein

Nicht nur durch die Verwendung von Giften und Pestiziden in der Landwirtschaft sterben immer mehr Bienen, was für die Menschen schwerwiegende Folgen haben kann.
Es ist unglaublich, was die Bienen in der heutigen Zeit durch die Menschen zu erleiden haben. So werden Bienenvölker brutal auseinandergerissen und zu unnatürlich großen Völkern vermischt. Andere Bienen werden regelmäßig Tausende Kilometer in LKWs durchs Land gefahren, um den Menschen an verschiedenen Orten nützlich zu sein. Gegen den hierbei entstehenden Stress erhalten sie Zuckerwasser und Antibiotika. Ist es da ein Wunder, dass die Bienen diese Erde verlassen möchten? Die Bienen sterben, an der Zivilisation der Menschen ...

Was kann man selbst tun?

Es müsste sich grundlegend etwas ändern, um die Bienen zu schützen. Nicht nur Pestizide müssten verboten werden, sondern den Bienen müsste auch wieder mit Respekt, Ehrfurcht und Liebe begegnet werden. Aurora betet darum.

Doch auch du kannst etwas für die Bienen tun!

Es gibt immer mehr bienenfreundliche Blumenmischungen, die man in Blumenkästen und Blumenkübeln aussäen kann. Au-

ßerdem gibt es Wildblumensamen und Wildwiesen-Samenmischungen, mit denen man in seinem Garten einen bienenfreundlichen Bereich anlegen kann.
Bienen mögen beispielsweise sehr gerne Salbei und Thymian.

Einen Teil des Rasens sollte man als blütenreiche Wiese wachsen lassen.

Außerdem ist es wichtig, auch im eigenen Garten keine Pestizide einzusetzen.
Gärten, die frei von Giften sind, ziehen nicht nur Bienen an, sondern erfreuen auch die Naturwesenwelt, insbesondere die Elfen und Feen. Sie werden spüren, dass sie willkommen sind.

Stelle im Garten ein Insektenhotel auf, in dem auch Wildbienen nisten können.
Auch in Trockensteinmauern und Altholzbereichen nisten Bienen sehr gerne.

Über kleine Wasserstellen im Garten oder auf dem Balkon freuen sich nicht nur Vögel, auch Bienen und andere Insekten nehmen das Wasser gerne an, um ihren Durst zu stillen. Um sie vor dem Ertrinken zu bewahren, sollte man für die Insekten ausreichend große Steine in die Wassergefäße legen.

Bio-Lebensmittel kaufen, da bei deren Produktion keine Pestizide und Insektizide verwendet werden!

Den regionalen Imker unterstützen.

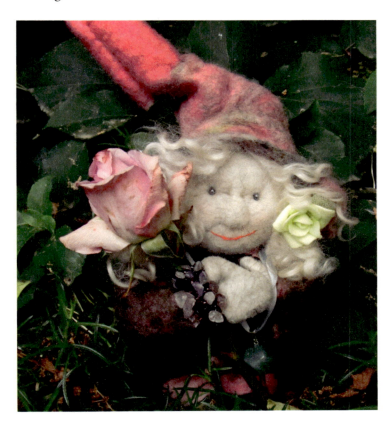

Sonstige Tipps und Ideen zur Heilung von Mutter Erde

»Wir müssen die Veränderung sein,
die wir in der Welt sehen wollen.«
Mahatma Gandhi

Du fragst dich vielleicht, was du ansonsten noch selbst für die Umwelt und Mutter Erde machen kannst? Aurora hat sich mal in der Naturwesen- und Menschenwelt umgehört und ein paar Ideen zusammengetragen, was man tun kann. Weiteren Ideen sind keine Grenzen gesetzt.

- Kümmere dich um ein Stück Natur. Dies kann die Umgebung von einem Bach, See oder Teich sein. Fühle dich für dieses Fleckchen Erde verantwortlich und schütze es. Die Naturgeister werden dir von Herzen danken, wenn du diesen Ort von Unrat befreist und ihm liebevoll begegnest.
- Empfinde mehr Dankbarkeit im täglichen Umgang mit der Natur, auch beim Obst und Gemüse Kaufen.
- Danke den Wassergeistern, wenn du z. B. Wasser trinkst oder es im täglichen Leben verwendest.
- Achte auf deinen eigenen Wasserverbrauch, verschwende kein Wasser.
- Nimm die Geschenke von Mutter Erde weniger selbstverständlich, sondern bedanke dich stattdessen dafür und gib etwas an die Erde zurück.
- Immer nur das von der Erde nehmen, was man auch wirklich benötigt.
- Benutze keine für die Umwelt giftigen Pflanzenschutzmittel, Pestizide oder sonstigen scharfen Chemikalien und gib sie auch nicht ins Wasser.

- Kaufe biodynamische Lebensmittel und unterstütze Bauern, die ihre Landwirtschaft ohne Chemikalien betreiben.
- Freilandeier kaufen.
- Benutze biologisch abbaubare Seifen und Reinigungsmittel.
- Plastik durch natürliche Stoffe austauschen (keine Plastiktüten, Plastikblumentöpfe, Plastikflaschen usw. verwenden).
- Selbst keinen Abfall in der Natur zurücklassen.
- Baumpatenschaften übernehmen.
- Bäume und Blumen pflanzen.
- Kraft in die Bäume geben (mit ihnen reden, sie umarmen), damit sie die Energie weiter in die Welt senden.
- Müll aufsammeln, der im Wald bzw. der Natur herumliegt.
- Mit Bäumen reden, sie beachten, auch oder ganz besonders wenn sie an für uns Naturwesen unnatürlichen Stellen wachsen und etwas Lebensenergie in Städte bringen.
- Danke den Baumgeistern.
- Vermeide Produkte, die aus tropischem Hartholz hergestellt werden und die Vernichtung des Regenwaldes vorantreiben.
- Versuche herauszufinden, woher das Leder stammt, das für die Produktion der Möbel, Kleidung, Taschen, Innenbekleidung von Autos usw. verwendet wird.
- Benutze Recyclingprodukte.
- Beim Laufen in der Natur mit jedem Schritt bewusst Liebe in die Erde geben.
- Futterhäuschen für Vögel aufstellen.
- Nistkästen an geschützten Plätzen aufhängen.
- Insektenhotels an sonnigen, vor Witterung geschützten Plätzen anbringen.
- Im Garten für Tiere und Naturwesen naturbelassene Bereiche einrichten, die nicht durch elektrisches Licht ausgeleuchtet werden.
- Verwende keine Produkte, bei deren Herstellung Tiere leiden müssen oder das Aussterben von Tierarten droht.

Übernimm Verantwortung für Mutter Erde und die Welt, die dich umgibt!

Nun möchte Aurora einige Heilmeditationen für Mutter Erde mit euch teilen. Vielleicht werdet ihr dadurch inspiriert, auf eure eigene Art Licht in die Welt zu senden.

Heilmeditationen für Mutter Erde

»Alle Dunkelheit der Welt kann das Licht einer einzigen Kerze nicht auslöschen.«

aus China

Durch die folgenden Erdheilungsmeditationen möchte ich dir nahebringen, wie es möglich ist, Mutter Erde etwas in Form von Liebe und Licht zurückzugeben. Diese Meditationen sind wirkungsvoller und wichtiger, als du vermutlich denkst.

Du musst Mutter Erde bei den Meditationen nicht deutlich vor deinen inneren Augen sehen, es genügt, wenn du mit deinen Gedanken bei ihr bist. Stelle dir die Bilder so gut, wie es dir möglich ist, vor und bitte die Energie, dorthin zu fließen, wohin diese Meditation dich führt.

Mit etwas Übung wirst du sicher immer deutlichere Bilder sehen. Vielleicht wirst du auch Botschaften von Mutter Erde erhalten. Spüre, wie es ihr geht, und sende ihr dorthin Licht, wohin sie dich dann führt. Wenn du in Reiki eingeweiht bist, kannst du bei den folgenden Meditationen auch die Reikikraft durch deine Hände mit zu Mutter Erde fließen lassen. Ebenso kannst du gemeinsam mit dem Licht heilsame Musik zu Mutter Erde oder ihren Gewässern senden.

Du kannst deine eigenen Meditationen schreiben oder dich intuitiv führen lassen, ganz wie du magst. Doch nun denke nicht viel darüber nach, sondern begleite einfach Aurora auf ihre erste Heilmeditation für Mutter Erde.

Mutter Erde in Licht hüllen

Schließe deine Augen und atme dreimal tief ein und aus. Spüre, wie dein ganzer Körper sich mit Energie füllt und wie du immer ruhiger und entspannter wirst. Du lässt los, alles los.
Atme so weiter tief ein und aus und spüre, wie du dich immer mehr entspannst, wie dein Körper sich entspannt.
Nun stelle dir vor, wie goldenes Licht durch deinen Kopf im Scheitelbereich in den Körper fließt. Stelle dir vor, wie dieses goldene Licht durch deinen Kopf fließt und sich von dort aus in den ganzen Körper verteilt. Vielleicht kannst du dabei goldenes und weißes Licht sehen, das mit jedem Einatmen in deinen Körper fließt und sich darin verteilt.
Atme so weiter tief ein und aus. Spüre oder sieh, wie dein ganzer Körper sich mit dem goldenen und weißen Licht füllt. Mit Heilenergie und Licht.
Nun stelle dir vor, wie das Licht weiterfließt, durch deinen ganzen Körper, in deine Hände.
Spüre, wie sich deine Hände mit dem Licht füllen. Du spürst vielleicht ein Kribbeln oder Bitzeln, vielleicht bemerkst du auch eine Wärme in deinen Händen. Lasse es zu, wie das Licht sich dir bemerkbar macht, und spüre das Licht.
Vielleicht siehst du auch, wie das Licht aus deinen Händen fließt. Und nun nimm Mutter Erde geistig in deine Hände. Stelle sie dir in deinen Händen vor, so klein, dass du sie umgreifen kannst.
Sende Mutter Erde nun dieses goldene und weiße Licht.
Spüre, wie das Licht immer weiter aus deinen Händen zu Mutter Erde strömt.
Hülle Mutter Erde in das Licht. Hülle sie vollständig in dieses Licht. Sieh eine Aura aus goldenem und weißem Licht.
Siehst du das Licht?
Was macht das Licht? Wohin fließt das Licht?
Vielleicht siehst du, wie die Erde sich beruhigt durch das Licht. Wie sie strahlt durch das Licht, heilt durch das Licht?

Stelle dir vor, wie sie immer stärker leuchtet durch das Licht, und sende noch mehr Licht.
Stelle dir vor, wie das Licht um die Erde fließt, in Wellen aus Licht.
Kannst du sehen, wohin sich diese Wellen ausbreiten?
Sende das Licht über alle Kontinente.
Sende es zu den Meeren, das Licht.
Fülle alle Weltmeere mit Licht. Sieh, wie sie leuchten und sich reinigen durch das Licht.
Kannst du es sehen? Wohin fließt das Licht?
Sende es in alle Seen, Teiche und Flüsse, das Licht.
Bitte es auch zu den Tümpeln und Bächen, das Licht.
Visualisiere alle Gewässer voller Licht.
Nun sende das Licht auch zu den Bewohnern der Gewässer. Zu den Walen und Delfinen, sie brauchen dieses Licht.
Hülle sie ein mit dem Licht, schütze sie durch das Licht.
Sende es zu den Fischen, zu den Seehunden und Robben, das Licht.

Zu den Tintenfischen schicken wir Licht.
Alle Meeresbewohner stärken wir durch das Licht.
Auch zu den Korallenbänken senden wir Licht. Wir reinigen sie, stärken sie und schützen sie durch das Licht.
Spürst du, wie viel Licht Mutter Erde braucht? Bitte sende daher regelmäßig Licht. Hülle Mutter Erde regelmäßig in dieses Licht.
Du erhältst vom Kosmos ausreichend Licht. Die Engel versorgen die Menschen mit dem Licht. Doch sie brauchen auch die Hilfe der Menschen für das Weiterleiten dieses Lichtes. Sende es immer wieder zu Mutter Erde, das Licht. Leite weiter dieses heilsame goldene Licht.
Nun sende es in die Wälder, das Licht.
Schicke es zu allen Bäumen, das Licht.
Lasse es tief in den Boden einsickern, das Licht.
Sende es zu den Bewohnern, das Licht.

Den Tieren und auch den Naturwesen senden wir Licht.
Auch bei ihnen ist viel zu heilen, zu reinigen, alle diese Wesen brauchen das Licht.

Dann sende es in die Vulkane, das Licht.
Oh ja, auch da benötigt Mutter Erde Licht.
Auch da ist viel zu reinigen, aufzulösen und da hilft wunderbar das Licht.
Stelle dir vor, wie du die Vulkane auffüllst mit Licht. Mit goldenem oder weißem Licht.
Stelle dir vor, wie der Vulkan gefüllt wird mit Licht, wie es sich mit dem Magma und der Lava verbindet, das Licht.
Sende es auch in die Erdspalten, unser goldenes Licht.
Fülle die Spalten mit dem Licht und beobachte, was geschieht durch das Licht.
Die Erdspalten beruhigen sich durch das Licht. Sie reinigen sich auf sanfte Art durch das Licht.
Sende es in alle Spalten und Gräben, das Licht.

Und nun schicke es in die Luft, unser goldenes Licht.
Stelle dir vor, wie das Luftelement sich auflädt mit dem Licht.
Wie der Himmel erfüllt wird von dem Licht.
Spüre, wie die Winde sich harmonisieren durch das Licht.
Sende das Licht kraftvoll um die Erde, wie einen Sturm, einen Orkan aus Licht. Du kannst auch die Winde beruhigen durch dieses Licht.
Stelle dir vor, wie Hurrikane sich abschwächen durch das Licht.
Wie Tornados sich beruhigen durch das Licht.
Lasse es über die Erde ziehen, das Licht.

Dann hülle noch einmal Mutter Erde in das goldene Licht.
Hülle die ganze Erdkugel in Licht, verankere mit deinen Gedanken das Licht.
Siehst du die strahlende Aura von Mutter Erde aus Licht?
Spürst du ihre Dankbarkeit für das Licht?

Spüre die Liebe der Erde, fülle dich selbst mit dieser Liebe der Erde und hülle dich damit ein.

Atme noch einige Male langsam tief ein und aus und spüre, wie du selbst gestärkt und erfüllt wurdest durch das Licht. Dann komme langsam zurück ins Hier und Jetzt.
Du kannst deine Augen öffnen und fühlst dich wohl dabei.

Meditation für Frieden in der Welt

Bei dieser Meditation möchte ich mit dir Frieden in die Welt senden.
Schließe deine Augen und fülle dich wieder mit weißem und goldenem Licht.
Fülle deinen ganzen Körper mit dem Licht und entspanne dich selbst durch das Licht.
Dann lasse das Licht wieder durch deine Hände fließen. Mache dir bewusst, wie viel Licht durch dich fließt und dass du es jederzeit weiterleiten kannst.
Stelle dir nun vor, wie blaues Licht dich durchströmt. Atme dieses Licht durch deinen Kopf im Scheitelbereich ein und lasse es durch deine Hände wieder aus dem Körper fließen.
Stelle dir ein wundervoll strahlendes blaues Licht vor, das sich nun mit Frieden und Ruhe füllt. Hülle dich ein in dieses Licht.
Stelle dir vor, wie deine Hände in diesem blauen Licht erstrahlen.
Spürst du den Frieden und die Ruhe in dem Licht?
Wisse, dass du dieses Licht auch in deinen eigenen Körper und deine Aura senden kannst. Jederzeit, wenn du Frieden, Ruhe oder Schutz brauchst.
Nun sende das blaue Licht durch deine Hände in die Welt.
Stelle dir vor, wie du hierfür Mutter Erde in deinen Händen hältst.
Umgreife sie mit deinen Händen, halte sie in deinen Händen.
Stelle sie dir vor, so gut du es kannst.

Nun hülle Mutter Erde in dieses blaue Licht.
Du kannst Häuser mit dem Licht füllen oder sie darin einhüllen.
Ebenso ganze Orte oder Kontinente.
Hülle die ganze Erde in das Licht, hülle Mutter Erde vollständig ein in dieses beruhigende, friedliche blaue Licht.
Sind da Flecken, Orte, die sich schwertun mit dem Licht? Dann sende genau dorthin noch mehr Licht.
Fülle diese Bereiche mit ganz viel Licht.
Sende es zu den Meeren, den Tieren oder in die Städte, zu all dem, was du siehst, und umgib es mit dem Licht.
Stelle dir das Licht als Wellen vor, als große, kräftige Meereswellen, die über die Erde ziehen.
Spürst du den Frieden in dem Licht?
Stelle dir die Erde vor, friedlich, eingehüllt in blaues Licht.
Du kannst auch die Wale in dieses Licht hüllen, ebenso die Delfine.
Du kannst dieses Licht zu bedrohten Tierarten senden. Hülle die Eisbären in Licht, die Schimpansen, Gorillas, Tiger, Elefanten und auch die Bienen freuen sich über dieses besondere Licht.
Du kannst das blaue Licht auch in Krisengebiete oder Katastrophengebiete senden. Errichte dort Kuppeln aus Licht.

Vertraue dem Licht. Es wird dorthin fließen, wo es gebraucht wird, sende du nur einfach das Licht.

Du kannst es den Menschen senden. Du kannst sie einhüllen in das Licht. Bedrohten Völkern, gefährdeten Menschen überreiche das Licht.
Du kannst es dir vorstellen als Luftballons, gefüllt mit Licht.
Überreiche Menschen diese Luftballons, die strahlen durch unser blaues Licht.

Wohin sendest du nun noch Licht? Lasse dich überraschen oder frage Mutter Erde nach ihren Wünschen für das Licht.

Dann hülle den ganzen Erdball noch einmal in dieses blaue Licht.
Spüre den Frieden und die Ruhe in dem Licht.
Die Erde dankt dir für dieses Licht und versorgt dich selbst mit ihrer Liebe und Kraft.
Spüre, wie diese Energie von Mutter Erde in deine Füße fließen.
Kannst du es spüren?
Wie fühlt es sich an?
Lasse diese Energie von deinen Füßen weiter in deinen ganzen Körper fließen. Spüre, wohin diese Kraft und Liebe fließt.
Vielleicht in dein Herz? In deine Arme oder Hände? In deinen Kopf?
Genieße diese Kraft, Stärke und Liebe von Mutter Erde und lade dich selbst damit auf.
Gestärkt und in Frieden atmest du nun noch ein paarmal tief ein und aus.
Du dankst Mutter Erde und sie dankt dir.

Atme noch ein paarmal tief ein und aus und komme dann langsam ins Hier und Jetzt zurück.

Du öffnest deine Augen und fühlst dich wunderbar dabei.

Liebe spüren und aussenden

Schließe deine Augen und atme ganz bewusst tief ein und aus. Nimm dann einige tiefe Atemzüge und stelle dir dabei vor, wie weißes und goldenes Licht durch deinen Kopf im Scheitelbereich fließt und sich von dort aus in deinem ganzen Körper verteilt.
Nun siehst oder spürst du, wie rosa Licht in deinen Kopf fließt und sich von dort aus in alle deine Zellen ausbreitet.
Atme nun weiter dieses Licht durch deinen Kopf ein und lasse es zu deinem Brustkorb und Herzen fließen.

Lasse nun dieses rosa Licht ein wenig in deinem Herzen verweilen. Spüre, wie sich dein Herz mit dem Licht füllt und sich alle Anspannung in dir löst.
Atme das rosa Licht weiter durch den Kopf ein und stelle dir vor, wie das farbige Licht durch deine Arme in deine Hände fließt und durch deine Handteller den Körper wieder verlässt.
Nun stelle dir Mutter Erde zwischen deinen Händen vor, so klein, dass du sie mit deinen Händen einhüllen kannst.
Sieh nun, wie aus deinen Händen das rosa Licht zu Mutter Erde fließt.
Spüre, wie sich Mutter Erde mit dieser Energie vollsaugt.
Du kannst dir vorstellen, wie sich die Erde langsam in deinen Händen dreht, sodass die gesamte Erde nun mit dem rosa Licht versorgt wird.
Wohin fließt besonders viel Licht? Du kannst es sehen!
Hülle Mutter Erde weiter in dieses rosa Licht und stelle dir vor, wie dieses Licht tief in Mutter Erde fließt und sie heilt.
Du spürst, dass dieses Licht von Liebe erfüllt ist, von Wärme und Licht, und stellst dir nun vor, dass es bis in den Mittelpunkt der Erde fließt.
Fülle dort das Herz von Mutter Erde mit Licht.
Stelle dir vor, wie das Herz von Mutter Erde harmonisch pulsiert und sich aufsaugt mit dem Licht.
Mutter Erde dankt dir für das Licht, für die Liebe und das Licht.
Sende weiter bis zum Herz der Erde rosa Licht.
Nun stelle dir vor, wie das Licht vom Mittelpunkt der Erde wieder nach oben fließt. Stelle dir vor, wie es durch die Erdspalten fließt und sie mit Liebe und rosa Licht erfüllt werden
Spüre, wie die Erde sich durch dieses rosa Licht harmonisiert.
Das Licht breitet sich immer mehr aus und löst alles Dunkle und Schwere auf.
Die in der Erde gespeicherte menschliche Angst löst sich auf.
Auch die in die Erde gelangte Wut löst sich auf, jeglicher Hass, Ärger und Neid lösen sich auf.

All diese Emotionen heilen durch das Licht.
Du spürst, wie die Erde immer mehr zu strahlen beginnt und heilt.

Stelle dir nun vor, wie das rosa Licht vom Mittelpunkt der Erde durch die Erdspalten bis zur Erdoberfläche zurückfließt.
Von dort aus fließt das Licht weiter über die Erde.
Das rosafarbene, strahlende Licht breitet sich über die gesamte Erde aus und bildet eine immer stärkere Aura aus Licht.
Hülle die Erde in diese Aura aus rosa Licht und sieh, wie das Strahlen immer leuchtender und heller wird.
Nicht nur Mutter Erde dankt dir für dieses Licht. Du siehst, wie die Naturwesen sich in diesem Licht reinigen und heilen.
Die Tiere baden in dem Licht.
Auch die Menschen werden tief in ihrem Herzen berührt und viele heilen durch das Licht.
Das Licht fließt in dunkle Höhlen und reinigt auch diese mit Licht.
Das Licht hüllt Häuser und ganze Städte ein.
Es fließt wie ein Teppich über die Meere, füllt die Wälder mit rosa Licht. Die Bewohner der Regenwälder freuen sich über das Licht, auch sie heilen durch das Licht.
Immer weiter breitet sich der rosa Lichtteppich aus.
Die Erde sieht immer lebendiger und strahlender aus.
Nun hülle alles noch einmal in dieses von Liebe erfüllte rosa Licht. Spüre die Liebe in dem Licht und sende auch selbst deine Liebe mit dem Licht.
Mutter Erde dankt dir für die Liebe und das Licht.
Nun lasse noch einmal die ganze Erdkugel durch das rosa Licht strahlen und hülle auch dich in das Licht.
Wohin fließt das Licht?

Hülle dein Herz in das Licht, fülle dein Herz mit dem Licht.
Spüre, wie dein Herz von dem rosa Licht und der Liebe immer mehr erfüllt wird und sich alles Schwere, das darin gespeichert war, auflöst.

Auch deine Angst löst sich auf.
Dein Kummer heilt.
Alle in deinem Herzen zu heilenden Gefühle lösen sich auf in dem Licht, heilen durch das Licht.
Mutter Erde füllt auch dein Herz mit ihrem Licht. Kannst du es spüren?
Genieße diese Liebe von Mutter Erde und lade dich selbst immer mehr damit auf.
Von dieser Liebe und dem Licht geheilt und gestärkt, atmest du nun noch ein paarmal auch das weiße und goldene Licht bewusst ein und aus.
Danke Mutter Erde für ihre Liebe, spüre ihre Liebe für dich und komme dann langsam zurück ins Hier und Jetzt und öffne deine Augen.

Heilung senden

Setze dich entspannt hin, schließe deine Augen und nimm einige tiefe Atemzüge.
Atme weiter tief ein und aus und spüre, wie du mit jedem Atemzug immer ruhiger und entspannter wirst, du lässt los, alles los.
Nimm nun einige Lichtatemzüge. Stelle dir dabei vor, wie leuchtende und hell funkelnde Lichtpartikel durch deinen Kopf im Scheitelbereich in deinen Körper fließen und sich darin verteilen.
Spüre, wie du mit dem Licht durchflutet wirst und wie es alle Anspannung und Unruhe von dir nimmt.
Das Licht fließt in jede Zelle deines Körpers und du fühlst dich wohl dabei, angenehm wohl.
Nun spürst oder siehst du, wie sich der Raum, in dem du sitzt, mit leuchtendem grünen Licht füllt, und du weißt, dies ist ein besonderes Heillicht.
Der Raum ist nun gefüllt mit dem Licht.

Du spürst oder siehst, wie das Licht dich einhüllt und durch deinen Körper fließt.
Jede Zelle deines Körpers ist von dem Licht erfüllt und leuchtet durch das Licht.
Das Licht strahlt sehr viel Lebensenergie aus und du spürst, dass es alles heilt, was zu heilen ist.

Nun sende dieses Licht in die Welt.
Stelle dir Mutter Erde als kleine Kugel in deinen Händen vor und sende ihr das Licht.
Stelle dir vor, wie das Licht zu allen Orten fließt, die Heilung benötigen.
Sende es in die Regenwälder, das Licht.
Stelle dir vor, wie die Wälder heilen durch das Licht.
Sieh, wie die Wälder leuchten durch das Licht.
Beobachte, wie die Natur zum Leben erwacht.
Du siehst, wie sich die Feen und Elfen über das Licht freuen.
Die Bäume und Pflanzen danken für das Licht.
Alles blüht auf und wächst durch das Licht.

Dann sende das grüne, heilende Licht in die Meere.
Sieh, wie sich die Weltmeere reinigen durch das Licht.
Spüre oder sieh, wie sich alles regeneriert durch das Licht.
Das Meer wird aufgeladen durch das Licht, wird lebendig durch das Licht.
Sende es in alle Ozeane, in alle Flüsse, Seen und Bäche, das Licht.
Auch die kleinsten Bäche füllen sich nun mit dem Licht.
Die Gewässer benötigen das Licht.
Sende es bis tief in den Meeresboden, das Licht.
Stelle dir vor, wie die grüne Heilenergie in alle Meeresböden sickert, bis tief hinein und dabei alles reinigt, was dort zu reinigen ist.
Ein hellgrünes Strahlen breitet sich auf den Meeresböden aus und lässt auch die Meeresbewohner erstrahlen. Du siehst, wie sie sich in dem Licht aufladen und dadurch selbst zu strahlen beginnen.

Nun sendest du das grüne Licht weiter über die Erde.
Fülle alle Wunden von Mutter Erde mit Licht.
Sieh, wie sich alle Gräben, Tunnel und Bohrlöcher mit dem Licht füllen.
Spüre die Dankbarkeit von Mutter Erde und die heilende Kraft in dem Licht.

Dann sende das Licht weiter über den Erdball und beobachte das Licht.
Wohin fließt das Licht? Was macht das Licht?
Spürst du die Heilkraft in dem Licht?
Sende es zu den Tieren, das Licht. Sende es zu den Eisbären, das Licht.
Sende es den Naturwesen, das Licht. Reinige ihre Auren und Körper mit dem Licht.
Sieh, wie auch diese Lebewesen erstrahlen durch das Licht.
Und weiter fließt das Licht über die Wüsten, in die Tropenwälder bis zu den Korallenriffen.
Alles reinigt sich durch das Licht.
Stelle dir noch einmal die Erde vor in diesem Licht.
Beobachte, wie die Erde von dem Licht umgeben ist. Spüre, wie sie von dem Licht durchflutet ist.
Die Erde strahlt durch das grüne Licht.
Hülle dich auch noch einmal ein in dieses Licht.
Fülle dein Herz mit dem grünen Licht, umgib deine Organe mit dem Licht.
Spüre, wie alle deine Zellen strahlen durch das Licht. Wie sie schwingen durch das Licht. Alles wird leicht und friedvoll durch das Licht.
Genieße das Licht. Spüre das Licht.
Nun hülle Mutter Erde noch einmal in dieses Licht. In heilendes, grünes Licht.
Atme nun noch ein paarmal tief ein und aus und komme dann langsam ins Hier und Jetzt zurück.
Du öffnest deine Augen und fühlst dich wohl dabei.

Reiki-Box

»Wenn du die Welt nicht so liebst, wie sie ist,
dann erschaffe dir jetzt eine Welt, so wie du sie lieben kannst.«
Sun Bear

Wenn du in Reiki eingeweiht bist, kannst du auch über die sogenannte Reiki-Box Licht und Heilung in die Welt senden.

Du benötigst hierfür eine kleine verschließbare Box, wie z. B. eine Dose oder Schachtel. Es kann aber auch ein Briefumschlag oder ein anderes Behältnis sein.
In diese Box legt man verschiedene Blätter, auf denen man zuvor notiert, wohin man Reiki senden möchte.
Dann lässt man, so oft wie möglich, fünf bis zehn Minuten lang Reiki hineinfließen.

Mit dem ersten Grad legt man hierfür die Hände auf den Deckel der Box oder nimmt die Box in die Hände.
Ab dem zweiten Reiki-Grad kann man Fernreiki in die Box senden. Dabei können alle drei Reikisymbole angewendet werden.
Beende die Verbindung wie gewohnt und bedanke dich bei der Reikikraft.

Wichtig ist, dass man keine Erwartungen hegt, sondern Reiki einfach wirken und fließen lässt. Außerdem bittet man vor Beginn der Energiesendung darum, dass Reiki zum Wohle aller Beteiligten wirken möge.

Von Zeit zu Zeit die Zettel kontrollieren und gegebenenfalls austauschen.

Du kannst auch einen Reiki-Erdheilungskreis bilden und mit anderen Reikipraktizierenden gemeinsam Reiki in die Box und damit in die Welt senden. Hierdurch potenziert sich das Ergebnis. Mutter Erde dankt es dir!

Gebete für Mutter Erde

»Wo Licht im Menschen ist, scheint es aus ihm heraus.«
Albert Schweitzer

Es gibt besondere Gebetstage, an denen Menschen in der ganzen Welt gemeinsam beten und damit auch ein Zeichen für Frieden oder den Schutz von Mutter Erde setzen.
Du kannst dich mit eigenen Gebeten und guten Gedanken anschließen oder auch an diesen Tagen eine der oben genannten Erdheilungen machen und auch Licht zu Mutter Erde senden.

Das folgende Gebet hatte Aurora mit ihren Freunden, für die von dem großen Beben und Tsunami 2011 in Japan getroffenen Menschen geschrieben, doch ihr könnt es für jeden Ort der Welt, der Heilung braucht, umschreiben.

Unser Gebet für Japan

Ich bitte um Licht für Japan.
Licht und Liebe für die Herzen der Menschen.
Ich wünsche ihnen Heilung in ihrem Leid
und Trost in diesen dunklen Tagen.
Trost durch das Licht der Hoffnung,
das tief in ihre Herzen fließen möge.
Ich bete darum, dass dieser Strahl der Hoffnung
ihnen hilft, ihr Leid zu ertragen.
Mögen das kosmische Licht und die Engel
ihnen neue Wege zeigen
in eine sichere und glückliche Zukunft.
Ich bitte um Licht und Liebe für das Element Wasser,
das alles Leben auf unserer Erde ermöglicht.
Mögen die Menschen das Wasser ehren
und allem Wasser Japans und der Erde
ihre Dankbarkeit senden.
Ich bitte um Licht und Liebe für das Element des Feuers.
Mögen alle Menschen in ihren Herzen erkennen,
dass es wichtig ist, in Harmonie mit dem Element
des Feuers zu leben, das uns wärmt aus dem Inneren
von Mutter Erde und von außen aus dem Kosmos,
durch die Strahlen der Sonne.
Mögen die Menschen das Feuerelement
mit Weisheit und Liebe nutzen.
Ich bitte um Licht und Liebe für das Element Erde.
Mögen die Herzen der Menschen voller Liebe
für Mutter Erde sein, um Mutter Erde
zu heilen und zu stärken.
Mögen die Menschen erkennen, dass Mutter Erde
unserer Liebe und Fürsorge bedarf,
damit sie auch uns Geborgenheit und Schutz
geben kann.

Ich bitte um Licht und Liebe für das Element Luft.
Mögen die Winde die Erde und alles, was auf ihr
lebt, sanft und in Liebe berühren.
Mögen die Menschen auch dem Element Luft
mit Liebe und Dankbarkeit begegnen.

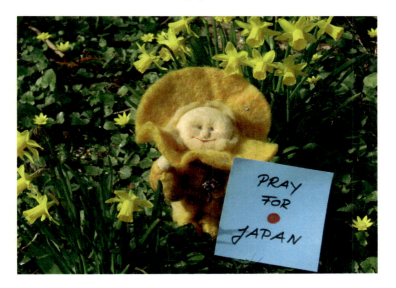

Hier noch zwei weitere ausgewählte Gebete, die Aurora gefallen:

Gebet zur Heilung der Herzen

Ich bitte um Kraft und Heilung für die Herzen der Menschen, damit auch sie ihr Herz öffnen für Mutter Erde und alles, was auf ihr Heimat hat und lebt. Mögen sie Mitgefühl für unsere Heimat Erde entwickeln, sie lieben und ehren, sie bewahren und helfen zu heilen. Ich bitte um Heilung der Herzen der Menschen, wodurch auch das Herz von Mutter Erde geheilt wird. So möge es sein.

Gebet für den blauen Planeten

Mein blauer Planet, Mutter Erde, du mein Zuhause, du gibst mir Leben, du ernährst mich, du gibst mir die Luft zum Atmen. Immer und zu jeder Zeit. Doch statt dich zu hegen und zu pflegen und dankbar für all deine Geschenke zu sein, wurde dir viel Schaden zugefügt. Nun ist es an der Zeit, dir zu helfen. Ich will dir helfen, mit Liebe, Licht und Energie und mit der Pflege meiner Umwelt, dass du dich erholen kannst und von deinen Schmerzen, deinem Fieber befreit wirst, dass auch du wieder befreit atmen kannst und gesund wirst. Dazu bitte ich die geistige Welt um Hilfe und Unterstützung bei all meinen Unternehmungen dir zu helfen. Vergib uns, was wir Menschen dir angetan haben, und nimm die Geschenke, die ich und viele andere dir mit Liebe aus dem Herzen senden, wohlwollend an. Von ganzem Herzen danke ich dir für all deine guten Gaben, die du mir täglich gibst. Ich liebe Dich, du, mein blauer Planet, meine geliebte Mutter Erde.

Du kannst auch selbst ein Gebet für Mutter Erde schreiben. Bitte in deinen eigenen Worten um Heilung und Frieden, nicht nur Mutter Erde wird es dir danken.

Weltheilungstage

»Die Erde liegt in unserer Hand.«
Sun Bear

An diesen besonderen Weltheilungstagen kann man mit vielen Menschen auf der Erde gemeinsam etwas für Mutter Erde tun und ihr Liebe und Licht senden:

- Earth Day (Tag der Erde) am 22. April
- World Peace and Prayer Day (Weltfrieden- und Gebetstag) am 21. Juni
- Welttag der Liebe und der Dankbarkeit an das Wasser am 25. Juli
- Weltheilungsmeditation am 31. Dezember um 12:00 Uhr Weltzeit (13:00 Uhr MEZ/in Deutschland)

Nachwort

»Wir müssen Beschützer und Wächter der Erde werden.«
Sun Bear

Zum Abschluss dieses mit Ideen zur Heilung von Mutter Erde gefüllten Büchleins möchte Aurora den Menschen noch ein paar Worte mit auf den Weg geben, die dem entsprechen, was die Ältesten dieser Erde seit Langem sagen.

Die Naturvölker lebten Jahrtausende in Einklang mit unseren Reichen und waren offen dafür, was ihnen die Naturwesen und Hüter der Elemente zu sagen hatten. Diese Zeiten sind vielerorts leider vorbei. Die Menschen achten nicht mehr die Bedürfnisse von Mutter Erde und haben ihre Herzen vor unserer Naturwesenwelt verschlossen. Wir existieren nur noch in ihren Märchen und Sagen, doch auch diese verschwinden immer mehr von dieser Welt.

Wann warst du das letzte Mal in der Natur und hast den Herzschlag von Mutter Erde unter deinen Füßen gespürt und ihr für ihre Geschenke gedankt?

Nun ist die Zeit gekommen, etwas für Mutter Erde zu tun, ihr etwas zurückzugeben, sie zu heilen und zu schützen, was noch zu schützen ist. Tue dies jedoch nicht aus Angst oder um selbst etwas von Mutter Erde zurück zu erhalten, sondern tue es aus selbstloser Liebe, denn das ist es, was zählt.

Man muss bereit sein, sich selbst zu ändern, dann ändert sich auch diese Welt.

Es wird Zeit, die Herzen der Menschen zu heilen und wieder für Mutter Erde und alle ihre Geschöpfe zu öffnen. Aber auch die Menschen müssen wieder lernen, sich gegenseitig in Liebe zu begegnen, bei aller Hektik und Stress im Alltag ihre Herzen wieder öffnen, sich gegenseitig helfen, unterstützen, da zu sein füreinander, einem Menschen, der einem begegnet, ein Lächeln schenken, jeden Tag. Damit fängt es an.

Mögen sich alle Wesen auf dieser Erde liebevoll an die Hand nehmen und heilen, was zu heilen ist, damit auch das Herz von Mutter Erde heilt.

Danksagung

Ich danke ganz besonders Sian Schirmer dafür, dass sie als »Zwergenmutter« den Sonnenengel Aurora und all ihre Naturwesenfreunde mit einem »Kleidchen« für die Menschen sichtbar gemacht hat. Hier kann man weitere Naturwesen sehen und auch ein Wesen zu sich nach Hause einladen:
www.natur-welten.de

Ebenso danke ich Susanne Dörr für das Sichtbarmachen von Auroras Drachen Kikino und des Wassergeistes Gismut.
Hier kann man Herrn Grünlich und seine Freunde besuchen:
http://herrgruenlich.blogspot.de/

Ich danke außerdem allen Freunden, die Aurora bei der Entstehung dieser Fibel zur Seite gestanden haben.
Aurora dankt ganz besonders Uschi Zimmermann, Marita Reitis-Constantin, Annette Simon sowie Ursel und Horst H. Dörr für ihre unermüdliche Unterstützung bei der Entstehung dieses Buches. Danke für eure Ideen und Ermutigung.

Ein großer Dank geht auch nach Kanada, an Robert Haig Coxon, für seine wundervolle Musik, die dazu beiträgt, die Wunden von Mutter Erde zu heilen. Hier erfahrt man mehr über Robert Haig Coxons Musik, die Aurora bei der Entstehung des Buches inspiriert und begleitet hat:
www.RobertCoxon.com

Auch danke ich allen Naturwesen auf und in der Erde, die sich um Mutter Erde kümmern und auf ihre Art heilen, was zu heilen ist.

Und schließlich möchte ich ganz herzlich Birgitt und Horst Heigl vom Homa-Hof Heilgenberg dafür danken, dass ich für diese Fibel Texte aus ihrem Buch »Agnihotra - Ursprung, Praxis und Anwendungen« verwenden durfte.

Hier können Sie sich nicht nur über die wertvolle Arbeit des Homa-Hofes für Mutter Erde informieren, sondern auch alle notwendigen Zutaten für das Agnihotra und OM Tryambakam Homa-Feuer beziehen:

http://www.homa-hof-heiligenberg.de

Literaturverzeichnis

Räuchern:

Berk, Susanne: Einfach Räuchern. Anwendung, Wirkung und Rituale. KOHA Verlag. Burgrain 2012.

Rätsch, Christian: Räucherstoffe. Der Atem des Drachens. AT Verlag. Aarau 2009.

Agnihotra-Feuer:

Heigl, Horst und Birgitt: Agnihotra. Ursprung, Praxis und Anwendungen. Verlag Horst Heigl. Tübingen 2011.

Heigl, Horst: Agnihotra Mantras (CD). Verlag Horst Heigl. Heiligenberg 2011.

Medizinrad:

Sun Bear/Wabun Wind/Mulligan, Crysalis: Das Medizinrad-Praxisbuch. Übungen zur Heilung der Erde. Goldmann Verlag. München 1993.

Sun Bear/Wabun Wind: Das Medizinrad. Eine Astrologie der Erde. Goldmann Verlag. München 2005.

Ondruschka, Wolf: Geh den Weg des Schamanen. Das Medizinrad in der Praxis. Neue Erde Verlag. Saarbrücken 2008.

Griebert-Schröder, Vera: Und in der Mitte bist du heil. Neue Orientierung durch die Kraft des Medizinrades. Ein schamanischer Wegweiser. Südwest Verlag. München 2011.

Heilung des Wassers:

Emoto, Masaru: Die Antwort des Wassers. Band 1. KOHA Verlag. Burgrain 2001.

Emoto, Masaru: Liebe und Dankbarkeit: Der universelle Lebenscode. J. Kamphausen Verlag. Bielefeld 2010.

Heilung von Mutter Erde:

Crowther, Kiesha: Aus Liebe zu Mutter Erde. Little Grandmothers Botschaft an die Welt. KOHA Verlag. Burgrain 2012.

Schaefer, Carola: Die Botschaft der weisen Alten: Der spirituelle Rat der Großmütter. Ullstein Verlag. Berlin 2012.

Sun Bear/Wabun Wind: Die Erde liegt in unserer Hand. Goldmann Verlag. München 1991.

Musikempfehlung:

Coxon, Robert Haig: Prelude to Infinity (CD)

Coxon, Robert Haig: The Silent Path (CD)

Film-Tipps:

Das Blaue Juwel. Ein Gespräch mit unserer Erde. Ein Dokumentarfilm über Planetare Heiler. Allegria 2012. (DVD)

For the next 7 Generations. Horizon 2011. (DVD)

More than Honey. Ein Film von Markus Imhoof. Senator 2013. (DVD)

Zur Autorin

Diana Dörr ist Heilpraktikerin und Reikilehrerin mit eigener Praxis in Bad Homburg.

Im November 2011 hat sie ihren ersten Roman mit dem Titel »Der Steg nach Tatarka« beim Paracelsus Verlag in Salzburg veröffentlicht. Im Januar 2013 folgte der Roman »Aurora in geheimer Mission«, der den Auftakt zu einer Bücherserie über die Abenteuer des Sonnenengels Aurora bildet.

Weitere Informationen über die Autorin und ihre Bücher gibt es hier: www.Diana-Doerr.de